1 x

1 x	1	=	1
1 x	2	=	2
1 x	3	=	3
1 x	4	=	4
1 x	5	=	5
1 x	6	=	6
1 x	7	=	7
1 x	8	=	8
1 x	9	=	9
1 x	10	=	10
1 x	11	=	11
1 x	12	=	12

2 x

2 x	1	=	2
2 x	2	=	4
2 x	3	=	6
2 x	4	=	8
2 x	5	=	10
2 x	6	=	12
2 x	7	=	14
2 x	8	=	16
2 x	9	=	18
2 x	10	=	20
2 x	11	=	22
2 x	12	=	24

3 x

3 x	1	=	3
3 x	2	=	6
3 x	3	=	9
3 x	4	=	12
3 x	5	=	15
3 x	6	=	18
3 x	7	=	21
3 x	8	=	24
3 x	9	=	27
3 x	10	=	30
3 x	11	=	33
3 x	12	=	36

4 x

4 x 1 = 4

4 x 2 = 8

4 x 3 = 12

4 x 4 = 16

4 x 5 = 20

4 x 6 = 24

4 x 7 = 28

4 x 8 = 32

4 x 9 = 36

4 x 10 = 40

4 x 11 = 44

4 x 12 = 48

5 x

5 x 1 = 5

5 x 2 = 10

5 x 3 = 15

5 x 4 = 20

5 x 5 = 25

5 x 6 = 30

5 x 7 = 35

5 x 8 = 40

5 x 9 = 45

5 x 10 = 50

5 x 11 = 55

5 x 12 = 60

6 x

6 x 1 = 6

6 x 2 = 12

6 x 3 = 18

6 x 4 = 24

6 x 5 = 30

6 x 6 = 36

6 x 7 = 42

6 x 8 = 48

6 x 9 = 54

6 x 10 = 60

6 x 11 = 66

6 x 12 = 72

7 x

7 x	1	=	7
7 x	2	=	14
7 x	3	=	21
7 x	4	=	28
7 x	5	=	35
7 x	6	=	42
7 x	7	=	49
7 x	8	=	56
7 x	9	=	63
7 x	10	=	70
7 x	11	=	77
7 x	12	=	84

8 x

8	x	1	=	8
8	x	2	=	16
8	x	3	=	24
8	x	4	=	32
8	x	5	=	40
8	x	6	=	48
8	x	7	=	56
8	x	8	=	64
8	x	9	=	72
8	x	10	=	80
8	x	11	=	88
8	x	12	=	96

9 x

9 x	1	=	9
9 x	2	=	18
9 x	3	=	27
9 x	4	=	36
9 x	5	=	45
9 x	6	=	54
9 x	7	=	63
9 x	8	=	72
9 x	9	=	81
9 x	10	=	90
9 x	11	=	99
9 x	12	=	108

10

10 x

10 x 1 = 10

10 x 2 = 20

10 x 3 = 30

10 x 4 = 40

10 x 5 = 50

10 x 6 = 60

10 x 7 = 70

10 x 8 = 80

10 x 9 = 90

10 x 10 = 100

10 x 11 = 110

10 x 12 = 120

11

11 x

11	x	1	=	11
11	x	2	=	22
11	x	3	=	33
11	x	4	=	44
11	x	5	=	55
11	x	6	=	66
11	x	7	=	77
11	x	8	=	88
11	x	9	=	99
11	x	10	=	110
11	x	11	=	121
11	x	12	=	132

12

12 x

12 x	1	=	12
12 x	2	=	24
12 x	3	=	36
12 x	4	=	48
12 x	5	=	60
12 x	6	=	72
12 x	7	=	84
12 x	8	=	96
12 x	9	=	108
12 x	10	=	120
12 x	11	=	132
12 x	12	=	144

Made in the USA
Middletown, DE
01 December 2019